HOMERO Ilíada

HOMERO Ilíada

Adaptación en verso
de Francisco Serrano

Ilustraciones
de Pablo Serrano

D.R. © CIDCLI, S.C.
Av. México 145-601, Col. del Carmen
Coyoacán, C.P. 04100, México, D.F.
www.cidcli.com.mx

D.R. © Francisco Serrano (adaptación en verso)

Ilustraciones: Pablo Serrano
Coordinación editorial: Rocío Miranda
Cuidado de la edición: Elisa Castellanos
Diseño gráfico: Rogelio Rangel

Primera edición, octubre, 2012
ISBN: 978-607-7749-75-2

La reproducción total o parcial de este libro,
en cualquier forma y por cualquier medio,
no autorizada por los editores, viola los
derechos reservados y constituye un delito.

Impreso en México / *Printed in Mexico*

Índice

PRESENTACIÓN 6

La peste y la cólera 9
La cólera de Aquiles 10
Los heraldos se llevan a Briseida 14
Tetis convence a Zeus 14
El sueño de Agamenón 15
Preparativos para la batalla 15
Combate de Paris y Menelao 16
Helena en las murallas 16
El duelo 17
Los troyanos violan los juramentos 20
Hazaña de Diomedes 20
Despedida de Héctor y Andrómaca 21
Combate de Héctor y Áyax 22
Los griegos construyen un muro 23
Batalla interrumpida 26
Los griegos derrotados 26
La noche protege a los griegos 27
Aquiles se niega a salvar a los griegos 27
Aquiles rechaza las súplicas 28
Combate junto a las naves 29
La derrota 29
Héctor consigue incendiar los barcos griegos 32
Patroclo salva a los griegos 33
Muerte de Patroclo 34
Principalía de Menelao 35
Aquiles se entera de la muerte de Patroclo 38
Aquiles renuncia a la cólera 39
Combate de los dioses 40
Batalla junto al río 41
Los troyanos se refugian tras la murallas 41
Muerte de Héctor 44
Rescate de Héctor 46

ANEXOS
Personajes. Dioses y héroes 51
Mapa 54
Bibliografía mínima 55

A Lucía, y a la
mamá de Lucía,
que insistió en
hacer este libro.
F S

Presentación

La *Ilíada* es el primer gran poema de la literatura occidental. No se sabe con certeza quién lo escribió. Se ha atribuido su composición a Homero, un viejo poeta ciego que, se supone, vivió entre los siglos IX y VII antes de nuestra era. De hecho, se desconoce su identidad. Siete ciudades de la antigua Grecia se disputan el honor de ser el sitio de su nacimiento. Muchos autores sin embargo piensan que no se trata de una persona, sino que bajo ese nombre se oculta una antigua escuela de poetas. Sea como fuere, la obra de Homero constituye uno de los momentos más altos de la literatura universal y sin duda la expresión más importante de la poesía de Occidente.

Siempre ha asombrado a los especialistas la perfección, la expresividad, la belleza y la enorme riqueza del lenguaje de los poemas homéricos. Se considera que están redactados en una lengua que nunca se habló y que su uso fue puramente literario. Compuestos hace más de treinta siglos y fijados por escrito cientos de años después, estos textos son el origen de la riquísima literatura griega y una de las dos fuentes de nuestra civilización (la otra es la tradición judeo-cristiana). Los hechos que narra la *Ilíada* son anteriores en varios siglos a la fecha en que se compuso. Se sospecha que la acción descrita pudo transcurrir entre los años 1300 y 1200 antes de nuestra era, aunque algunos los remontan hasta el 2000 a. C.

El poema narra el asedio a la ciudad de Troya, o Ilión (de ahí el título: *Ilíada* quiere decir la *Gesta* o *Saga de Ilión*), por parte de los ejércitos griegos —llamados indistintamente argivos o aqueos— en un tiempo en que los dioses todavía se mezclaban en los asuntos de los hombres. Nos cuenta los pormenores de la expedición militar, al mando del poderoso rey

Agamenón, el altercado del monarca con el colérico Aquiles a causa de una muchacha, los múltiples episodios de la guerra, que duró diez años pero de la que nos presenta sólo lo ocurrido en el último, el combate entre Aquiles y Héctor, campeón de los troyanos y, finalmente, los funerales de éste.

El poema abunda en descripciones de la naturaleza y en detalles de la vida cotidiana de la Grecia antigua. No solamente relata con minucia las acciones guerreras, sino que traza una variadísima gama de emociones y pasiones humanas magistralmente representadas: la ira, el amor, la piedad, la amistad, la ternura, el odio, el valor, el temor a la muerte, el dolor, la alegría, la tristeza… Muestra a una sociedad refinada y compleja que compartía un sistema de creencias y valores bien establecido, cuyas vicisitudes nos dejan ver cómo, desde tiempos antiguos, las preocupaciones y anhelos de los seres humanos siguen siendo, fundamentalmente, los mismos.

El original homérico está divido en 24 rapsodias o cantos y consta de más de 15 mil versos. Su lectura, una de las experiencias más placenteras y gratificantes que puede proporcionarnos la literatura, requiere de concentración y, desde luego, de tiempo. Por ello, en espera de que los futuros lectores se interesen y disfruten íntegramente de la versión original, publicamos esta adaptación versificada. Se trata sólo de una aproximación, de un pálido y reducido reflejo de la obra originaria. Pero posee un ritmo definido y constante, que intenta no apartarse demasiado de la extraordinaria fuerza expresiva de los versos de Homero, y selecciona los episodios más significativos y los caracteres esenciales para entender la trama del poema. Si leerla anima a algún entusiasta a adentrarse en la riqueza del texto homérico, se habrá cumplido nuestro propósito.

LA PESTE Y LA CÓLERA

Canta, diosa, la cólera del impetuoso Aquiles,
el hijo de Peleo, cólera tan funesta
que infinitos dolores ocasionó a los griegos
y arrojó antes de tiempo al mundo de los muertos
las almas valerosas de muchísimos héroes,
dando a perros y buitres sus cuerpos de alimento
—así se consumaban los designios de Zeus—
desde que se enfrentaron, discutiendo irritados,
Agamenón, rey de hombres, y Aquiles el divino.
¿Cuál de los dioses pudo provocar tal discordia?

Apolo, hijo de Zeus, furioso contra el rey
provocó en los ejércitos una peste maligna,
y los hombres morían porque el rey ofendió
al sacerdote Crises cuando éste se acercó
a las naves aqueas con inmensos rescates
para librar a su hija, cautiva de los griegos,
suplicándole al rey que soltara a la joven.
Y aunque todos los griegos estuvieron de acuerdo
en dejar que se fuera, el poderoso rey,
de muy mala manera, lo echó de allí, insultándolo:
"Que no te encuentre, viejo, rondando nuestras naves,
no voy a darte a tu hija. Vete ya, no me irrites."

Eso dijo, y el viejo obedeció con miedo.
Y mientras se alejaba por la ruidosa playa
empezó con fervor a rogar: "Óyeme, tú,
dios del arco de plata, Apolo protector,
si supe alguna vez edificarte un templo
y ofrecí en sacrificio grasos muslos de cabras
y toros en tu honor, cúmpleme este deseo:
que paguen los aqueos con tus flechas mis lágrimas."
Así habló, suplicando. Apolo lo escuchó
y con fiero corazón descendió del Olimpo
con su arco y su aljaba, semejante a la noche.
Y se sentó después, no cerca de las naves,
y comenzó a lanzar sus mortíferas flechas
contra las tropas griegas. Y mató a muchos hombres.
Las hogueras con muertos ardían por dondequiera.

LA CÓLERA DE AQUILES

Durante nueve días las flechas que lanzaba
el irritado Apolo diezmaron al ejército.
En el décimo, Aquiles convocó al pueblo a junta.
Cuando al fin se reunieron, el héroe se alzó y dijo:
"Agamenón potente, pienso que deberíamos
regresar a la patria si evitamos la muerte,
porque si no la muerte y la peste reunidas
acabarán con todo el ejército griego.
Consultemos ahora, pronto, a un adivino
o a algún sacerdote o intérprete de sueños
que nos diga por qué se irritó tanto Apolo
y si querrá apartar de nosotros la peste."
Dichas estas palabras volvió a sentarse Aquiles.
Se alzó entonces el gran Calcas, hijo de Téstor,
el mejor adivino, quien conocía el pasado,
el presente, el futuro —era él el que condujo
a los griegos a Troya—, y les dijo arengándolos:

"Me ordenas explicar la cólera del dios,
Aquiles, y hablaré, pero júrame antes
que me protegerás de la furia del rey."
Contestó el raudo Aquiles: "Ten confianza, no temas."
Y el adivino ilustre dijo: "Apolo está irritado
porque el rey de los griegos vejó a su sacerdote,
pues no liberó a su hija, ni aceptó su rescate.
Por eso el Flechador nos ha enviado estos males
y no nos librará de la peste sombría
hasta que se repare la ofensa hecha, y la joven
de lindos ojos vuelva con su afligido padre
sin premio ni rescate." Dicho esto, se sentó.

Se alzó el hijo de Atreo, Agamenón potente,
que, amargado y furioso, con ojos como el fuego
mirando a Calcas, dijo: "Adivino de males,
no anuncias nunca nada feliz, sólo desdichas.
Acepto devolver a la hija de Crises
si esto es lo mejor, y que el pueblo se salve.
Mas prepárenme pronto alguna recompensa
para que yo no sea, entre todos los griegos,
el único que quede acaso sin tenerla."

Y Aquiles el divino respondió de este modo:
"Agamenón, rey de hombres, eres el más glorioso
y ambicioso de todos. ¿Cómo pueden los griegos
darte otra recompensa, si no quedan riquezas?
Ya repartimos todo lo que hemos conquistado.
Devuelve ahora a la joven y cuando al fin los griegos
logremos tomar Troya, la de los fuertes muros,
te daremos el triple o el cuádruple, y aun más."
Respondió a estas palabras el rey Agamenón:
"Por más bravo que seas, no intentes engañarme,
Aquiles. ¿Tal vez quieres conservar tú tu premio
y que yo deje el mío y por eso propones
que entregue a la muchacha? Lo haré, sí, si los griegos
me conceden a cambio algo que la compense.
Y si no me lo dieran, yo mismo iré a tomar
tu premio, el de Odiseo o el de Áyax, o algún otro."

Homero

Mirándolo furioso contestó el raudo Aquiles:
"¡Ah, miserable impúdico, ansioso de ganancias!,
¿habrá tal vez un griego que obedezca tus órdenes?
Yo no he venido aquí a combatir troyanos
que en nada me ofendieron. Te seguimos a ti,
insolente, que esperas vengar a Menelao;
a ti, cara de perro, que no te importa nada
y amenazas quitarme el premio que me dieron.
Pues bien, he decidido regresar la patria
en las cóncavas naves. No permaneceré
sin honra aquí, dejándote ganancias y riqueza."

Contestó Agamenón: "Huye, si es lo que quieres.
No te voy a rogar. Entre todos los reyes
me eres tú el más odioso, porque siempre has amado
las riñas y peleas. Anda, vete a tu patria,
llévate naves y hombres, no me importa tu ira.
Pero ya que ahora debo dar a Apolo mi premio,
te amenazo con esto: yo mismo iré a tu tienda
y a la linda Briseida, la del hermoso rostro,
me llevaré conmigo, para que sepas cuánto
más poderoso soy." Así habló Agamenón.
Y el corazón de Aquiles se angustió, pues dudaba
si desnudar la espada y dar muerte al Atrida,
o calmaba su furia. Se decidió por esto,
y con duras palabras increpó a Agamenón:
"¡Borracho ojos de perro, tienes alma de ciervo!
Nunca osaste en la guerra unirte con la gente
del pueblo a combatir. Ordénales a otros,
rey que imperas, voraz, sobre tu pobre gente.
No pienso obedecerte. Y algo más te diré:
Llévate a la muchacha, no lucharé por ella,
pues al final me quitan lo mismo que me dieron;
pero de lo demás que resguardo en mi nave
nada podrás tomar si yo no lo consiento.
De lo contrario, inténtalo; muy pronto todos éstos
verán tu negra sangre escurrir por mi lanza."
Después de este altercado se pusieron de pie
y ante la flota griega disolvieron la junta.

LOS HERALDOS SE LLEVAN A BRISEIDA

Aquiles se alejó a sus tiendas y naves
ligeras, con Patroclo y sus fieles amigos,
y en tanto Agamenón botó al mar una nave
y embarcó a la hermosa hija del sacerdote Crises
a fin de devolverla a su afligido padre.
Pero el rey no olvidó su amenaza y envió
a dos fieles heraldos que fueran a la tienda
de Aquiles y tomaran a la linda Briseida
de la mano y sin falta junto a él la llevaran.
Cuando los vio Aquiles, no se alegró por cierto,
pero ordenó a Patroclo que sacara a la joven.
Y cuando los heraldos, cumpliendo lo ordenado,
tomaron de la mano a la hermosa Briseida,
que los siguió llorosa al campamento griego
y junto al mar marcharon hacia la flota anclada,
Aquiles rompió en llanto, lejos de sus amigos,
y se fue hacia la orilla del espumoso mar.
Y con los ojos fijos en el inmenso océano
tendiéndole las manos a su querida madre,
la augusta diosa Tetis, le dirigió estos ruegos:
"¡Agamenón el déspota, madre, me ha ofendido!"
Lo oyó la augusta Tetis desde el fondo del mar
y sin tardanza alguna se alzó como una niebla
y se sentó a su lado, lo acarició y le dijo:
"Hijo, ¿por qué llorabas, qué pena oprime tu alma?"
Con profundos suspiros le respondió Aquiles:

"Madre, tú bien lo sabes. ¿Qué quieres que te diga?
Si quieres ayudarme, ve al Olimpo e implora
al poderoso Zeus asiendo sus rodillas
que ayude a los troyanos, para que así los griegos
y su rey prepotente disfruten de sus actos."
Y le repuso Tetis, derramando una lágrima:
"Ay de mí, hijo mío… Yo misma iré al Olimpo
a pedírselo a Zeus. Tú quédate en la naves
que navegan veloces y no combatas más."
Y dicho esto, partió. Y Aquiles, disgustado,
ya no participaba en las ilustres juntas,
ansiando con el alma el griterío y la guerra.

TETIS CONVENCE A ZEUS

Tetis no se olvidó del encargo de su hijo.
Salió muy de mañana de las olas del mar
y atravesando el cielo llegó al nevado Olimpo.
Halló sentado a Zeus en la cima más alta
y asiendo sus rodillas le dirigió esta súplica:
"Padre Zeus, te pido que oigas mi ruego y honres
a mi hijo, al que ofendió Agamenón potente.
Concede a los troyanos el triunfo en el combate
hasta que los aqueos satisfagan a Aquiles
y lo colmen de honores." Eso dijo, y calló.
Por largo rato Zeus permaneció en silencio.
Mas luego, suspirando, repuso: "Algo terrible
se avecina. Ahora, vete. Haré lo que me pides."
Y el poderoso Padre, que amontona las nubes,
agitó la cabeza, aceptando. Retumbó el alto Olimpo
y Tetis, apartándose, saltó profundo al mar.

Homero

EL SUEÑO DE AGAMENÓN

Los dioses y los hombres que combaten en carros
duermen toda la noche. Sólo velaba Zeus
revolviendo en su mente cómo iba a honrar a Aquiles
y causar gran matanza junto a las naves griegas.
Decidió finalmente enviar un sueño falso
al rey Agamenón, prometiéndole el triunfo.
Llamó al Sueño y le dijo: "Vete aprisa, funesto
Sueño, junto a las naves griegas, entra en la tienda
del rey Agamenón y dile con cuidado
lo que voy a encargarte. Mándale armar a todo
el ejército griego, porque hoy habrá de entrar
en la espaciosa Troya." Eso dijo, y el Sueño
cumplió con el mandato. Y Agamenón creyó
que iba a tomar a Troya justamente aquel día,
y se quedó pensando lo que no pasaría.

PREPARATIVOS PARA LA BATALLA

Ascendía la Aurora al vasto monte Olimpo
para anunciar el día a los dioses y a Zeus
cuando el iluso rey ordenó a los heraldos
convocar al ejército. Igual que se distingue
de lejos un incendio, cuando el fuego se extiende
por la cumbre de un monte, así resplandecían
las armas de los griegos, que avanzaban marchando.
Y entre ellos destacaba el rey Agamenón,
como el pujante toro en medio de las vacas.

Díganme ahora, Musas, que lo conocen todo
mientras nosotros sólo oímos de la fama
y no sabemos nada, ¿quiénes eran los jefes,
los caudillos y príncipes de los altivos griegos?
Diomedes y Odiseo, Áyax y Menelao,
valeroso en la lucha, de Agamenón hermano,
Tersites y el otro Áyax, Filoctetes y Talpio,
Idomeneo, Ascanio, Acamante, Fidipo,
Esténelo y Alástor, y muchísimos otros
que avanzan como el fuego que incendia la llanura.
Como la tierra gime si el rayo estalla y vuela,
así vibraba el suelo bajo los pies de aquellos
que armados avanzaban atravesando el llano.

Ilíada

COMBATE DE PARIS Y MENELAO

Ya en orden de combate detrás de sus caudillos,
los valientes troyanos avanzaban gritando
como las grises grullas cuando huyen del invierno
y vuelan sobre el mar. Los griegos, por su parte,
marchaban silenciosos, respirando valor,
impacientes en su alma, dispuestos a ayudarse.
Comanda a los troyanos Héctor, hijo de Príamo,
el viejo rey de Troya. Con él marchan las tropas
más valientes, ansiosas de arrojar ya sus lanzas.
Cuando los dos ejércitos quedaron frente a frente
se adelantó Alejandro, llamado también Paris,
semejante a los dioses; sobre los hombros lleva
la piel de un leopardo, una espada y un arco
y dos lanzas de bronce; y retaba a los griegos.
El bravo Menelao, a quien el rubio Paris
le robó la mujer, lo vio que se acercaba
y saltó de su carro. Apenas lo vio Paris
retrocedió, con miedo, y se ocultó entre un grupo
de colegas troyanos. Héctor, al darse cuenta,
lo reprendió con furia: "¡Mujeriego infeliz,
seductor, qué cobarde! Trajiste de otras tierras
a una mujer bellísima, que era esposa y cuñada
de hombres valientes y una plaga para tu padre
y para la ciudad y para todo el pueblo.
¡Vergüenza de ti mismo! Lucha con Menelao;
por lo menos sabrías de quién tienes la esposa."
Respondió el bello Paris: "Héctor, tienes razón
y es justo lo que dices. Pero tu corazón
es duro como el hacha que parte algún madero.
Si quieres que combata al fiero Menelao,
detén a los troyanos y a los audaces griegos
y deja que combata solo con Menelao
luchando por Helena y todas sus riquezas."
Eso dijo, y a Héctor le alegró lo que oía;
yendo al centro del campo detuvo a los troyanos.

HELENA EN LAS MURALLAS

La diosa Iris entonces, mensajera divina,
partió en busca de Helena, la de los blancos brazos,
y la halló en el palacio tejiendo una gran tela
que figuraba el pleito que troyanos y griegos
padecían por ella. Se detuvo a su lado,
diciendo. "Ven querida. Paris y Menelao
combatirán por ti. Y el que salga triunfante
te llamará su esposa." Cubierta con un velo
salió rápidamente Helena de su alcoba.
Iba con dos doncellas. Y llegaron muy pronto
a las amuralladas puertas de la ciudad.
Allí estaba el rey Príamo con los viejos del pueblo.
Cuando vieron a Helena que llegaba a la torre,
se dijeron entre ellos estas dulces palabras:
 "No puede condenarse que a griegos y troyanos
nos cause tantos males una beldad como ésta,
más parece una diosa que una simple mujer."

Homero

EL DUELO

Apareció Alejandro, como también llamaban
al insolente Paris, compañero de Helena,
revestido con una magnífica armadura:
una fuerte coraza le protegía el pecho,
se colgó sobre el hombro una espada de bronce
adornada con clavos de reluciente plata,
tomó el macizo escudo, se cubrió la cabeza
con un vistoso casco que adornaba un penacho
de crines de caballo que ondeaban terribles
y empuñó decidido una sólida lanza.
E igualmente se armó el fuerte Menelao.
El primero en tirar su lanza fue Alejandro,
que pegó en el escudo del rubio Menelao,
pero no lo rompió y se torció la punta.
Entonces arrojó su lanza Menelao
que perforó el escudo del hermoso Alejandro,
se clavó en la coraza y rasgó la túnica.

El troyano, inclinándose, logró evitar la muerte.
Entonces Menelao con la filosa espada
quiso herir a Alejandro, pero al tirar el golpe
se rompió en cuatro partes. Furioso, Menelao
embistió a su enemigo, lo cogió por el casco
y lo arrastró con saña hasta las filas griegas.
Y lo hubiese llevado hasta su propia tienda
si la diosa Afrodita, que cuidaba al troyano,
no lo hubiera advertido: desgarró la correa
que sujetaba el casco, que se quedó vacío
en la mano del griego. De nuevo Menelao
saltó sobre Alejandro para hundirle la lanza,
pero Afrodita, rápido, lo arrebató del campo,
lo envolvió en densa niebla, lo transportó al palacio
y lo dejó en la alcoba de la fragante Helena.
Y luego fue por ella y la llevó al palacio
donde los dos amantes, contentos, se abrazaron.
Y Menelao, furioso, andaba entre el gentío,
semejante a una fiera, buscando a su rival.

Agamenón entonces alzó la voz y dijo:
"¡Oigan todos, troyanos y aliados: claramente
Menelao triunfó. Entréguennos a Helena
con todas sus riquezas, y páguennos la multa
que juzguen conveniente, para que se recuerde
y aproveche su ejemplo a los hombres futuros."
Así habló Agamenón. Y aprobaron los griegos.

LOS TROYANOS VIOLAN LOS JURAMENTOS

Pero Zeus quería honrar a Aquiles y dispuso
que las huestes troyanas, faltando al juramento,
atacaran de nuevo a los altivos griegos.
Y Agamenón, rey de hombres, colérico, exclamó:
"Ha de llegar el día en que la sacra Troya
al fin caiga, y su gente y su rey, porque Zeus
no ampara a los malvados que incumplen su palabra.
Sus cuerpos abatidos serán pasto de buitres,
y sus hijos y esposas botín de nuestro ejército
cuando hayamos destruido la ciudad de anchos muros."

Diomedes, siempre alerta domador de caballos,
uno de los más bravos caudillos de los griegos,
alzó la voz y dijo: "Pensemos solamente
en demostrar valor." Y saltó de su carro
al suelo, enarbolando las armas en las manos.
Como las olas llegan a la ruidosa playa
cuando el soplo del viento las hincha en alta mar
y rompen en la orilla, bramando, y vuela espuma,
así fila tras fila avanzaban las huestes
de los fornidos griegos, mientras que los troyanos
atacaban gritando. Y chocaron con fuerza
los escudos, las lanzas y el valor de los hombres.
Y el fragor de las armas produjo un gran tumulto.

HAZAÑA DE DIOMEDES

Quiso infundir entonces la gran diosa Atenea
valor y audacia únicos en el bravo Diomedes
para que superara a todos los guerreros
con fama y gloria inmensas, e hizo que se elevara
de su casco y su escudo una llama incesante,
parecida a la estrella que brilla en el otoño
después de entrar al mar. Igual era el fulgor
que ardía en la cabeza y en los hombros del héroe
cuando al mayor tumulto la diosa lo condujo
y lo plantó en el centro mismo de la pelea
donde acabó con muchos esforzados troyanos,
cubriéndose de gloria entre todos los griegos.
Como el león ataca un rebaño de ovejas
que huyen despavoridas mientras corre el pastor,
así entraba Diomedes en las filas troyanas.
Manejando sus armas con un valor inmenso
hizo morder el polvo a muchísimos héroes.
Nadie lo resistía pues era un torbellino.

El asesino de hombres, dios fatal de la guerra,
Ares cruel, combatía con furor insaciable
al lado del gran Héctor, manejando una lanza
y arengando a las tropas de los hijos de Príamo.
Cuando el fuerte Diomedes vio aproximarse a Ares
ordenó a grandes voces replegar a su gente.
Pero Atenea entonces lo enardeció diciendo:
"¡Diomedes queridísmo, no tengas miedo de Ares!
Ninguno de los dioses podrá vencerte ahora,
para eso estoy contigo; tú sin temor atácalo."
Cuando el funesto Ares vio venir a Diomedes,
domador de caballos, se adelantó a su encuentro.

Ya de cerca, arrojó la puntiaguda lanza
encima de las riendas, pero Atenea, atenta,
lo hizo fallar el golpe. Entonces, a su turno,
el valiente Diomedes le tiró al dios su lanza
y lo hirió en el costado, le desgarró la piel.
Gritó el furibundo Ares igual que gritarían
nueve o diez mil guerreros combatiendo en la guerra.
Y griegos y troyanos temblaron aterrados.
¡Tan fuerte gritó el dios insaciable en la guerra!
Envuelto en negras nubes Ares huyó al Olimpo
donde el severo Zeus hizo que lo curaran.
Los griegos y troyanos permanecieron solos,
a sus fuerzas librados en la batalla horrenda,
y de un lado y del otro se elevaban las lanzas
y se extendió el combate por toda la llanura.

DESPEDIDA DE HÉCTOR Y ANDRÓMACA

Entretanto el bravo Héctor regresó a la ciudad,
cruzó las altas puertas, desanduvo el camino
por las bien hechas calles, y al pie de las murallas
se encontró con su esposa, Andrómaca, heredera
del rey de los cilicios, el magnánimo Eetión.
Junto a ella venía una hermosa nodriza
que en los brazos llevaba al tierno hijito de Héctor,
lindo como una estrella. Se llamaba Escamandrio,
aunque el pueblo troyano lo llamaba Astianacte.
El héroe, con cariño, contemplaba a su niño
sonriéndole en silencio. Andrómaca, llorosa,
se detuvo a su lado y, asiéndole la mano,
le dijo: "Desdichado, tu valor va a perderte
y tú no te condueles ni de tu hijo chiquito
ni de mí, que muy pronto voy a quedarme viuda
pues los griegos vendrán para sacrificarte."
Le respondió el gran Héctor, el del casco imponente:
"Mujer sé bien todo eso, pero también me aterra
lo que dirán si cedo y abandono la guerra.
No está en mi mano hacerlo: siempre fui hacia adelante."
Y le tendió los brazos al niño, que, gritando,
se abraza contra el pecho de la hermosa nodriza
pues lo asusta el gran yelmo de bronce de su padre
con las crines enormes agitándose al viento.
Padre y madre sonríen y el bravo Héctor se quita
el reluciente casco y lo deja en el suelo.
Besa luego a su hijito y en sus brazos lo mece
y a Zeus y demás dioses les dirige este ruego:
"Oh Zeus y demás dioses, hagan que mi hijo un día
sea fuerte y glorioso y orgullo de su gente."
Eso dijo y, sonriendo, en brazos de su esposa
coloca el pequeñito, que ella abraza, llorosa.
Entonces él, notándolo, compadecido exclama:
"Oh mi triste, no temas. No ha nacido el mortal
que, cobarde o valiente, pueda huir del destino
que al nacer le tocó. Tú regresa a la casa
mientras que de la guerra he de ocuparme yo",
dijo, alzando su yelmo. Y regresó al combate.

Ilíada

21

COMBATE DE HÉCTOR Y ÁYAX

Héctor, hijo de Príamo, que había regresado
de la recia ciudad, atravesó sus puertas
con ánimo impaciente por retomar la lucha.
Como a los navegantes llega un viento propicio
enviado por los dioses cuando desfallecían
cansados de bogar, así, reanimándolos,
fue para los troyanos la vuelta de su príncipe,
que con la aguda lanza mataba a muchos griegos.
Entonces decidieron los bienamados dioses
suspender la batalla y hacer que el magno Héctor
provocara a los griegos a enfrentarse con él
en terrible combate. Apolo lo inspiró,
pues el dios pretendía que la victoria fuera
de los bravos troyanos. Con la lanza en las manos
Héctor se adelantó al centro de ambos ejércitos
y aquietó a los troyanos. Agamenón contuvo
por su parte a los griegos. Y Héctor entonces dijo:
"¡Escúchenme troyanos y embravecidos griegos,
diré lo que en mi pecho mi corazón me dicta!
Entre ustedes militan los mejores caudillos.
Aquel que se decida a combatir conmigo
vendrá a ser, entre todos, campeón a mi costa."

Eso expresó y todos permanecieron mudos.
Sería vergonzoso negarse al desafío
pero aceptarlo era sin duda una locura.
Al fin se levantó Áyax, el hijo de Tideo,
parecido a una torre; dijo con aire ufano:
"Ya sueño en la victoria contra el divino Héctor."
Se ciñó la luciente armadura de bronce,
y feroz, como el dios de la guerra pujante
cuando anda entre los hombres, se encaminó hacia Héctor.
Así avanzaba Áyax, muralla de los griegos,
dando largas zancadas, sonriente, con su lanza.
Los griegos se alegraron y un violento temblor
recorrió a los troyanos. Incluso al mismo Héctor
le tembló el corazón. Pero él había lanzado
el reto y no podía retirarse a su ejército.
Áyax se aproximó levantando se escudo
fuerte como una torre —estaba hecho de siete
pieles de buey y la última cubierta era de bronce—,
y gritó amenazante: "¡De hombre a hombre , Héctor,
vas a saber ahora si aún quedan campeones
entre los fieros griegos, sin hablar ya de Aquiles,
destructor de escuadrones, y que hoy no está en combate."

Homero

Le respondió el gran Héctor, el del brillante casco:
"No te metas conmigo, porque sé de la guerra."
Y le arrojó su lanza. La punta penetró
hasta la sexta capa del recio escudo de Áyax
y se detuvo ahí. Arrojó Áyax su lanza
que traspasó el escudo y la fuerte coraza
y desgarró la túnica del bien formado Héctor.
Pero éste se inclinó, esquivando la muerte.
Y, arrancando sus lanzas de sus escudos, ambos
se atacaron de nuevo, como dos jabalíes
o feroces leones cuya fuerza es inmensa.
Áyax logró herir a Héctor en el cuello; brotó
sangre, mas no por eso se intimidó el troyano.
Levantó con la mano un pesado pedrusco
y lo arrojó contra Áyax y lo hizo vacilar.
Áyax levantó entonces una roca más grande
y la lanzó con fuerza contra el escudo de Héctor;
la piedra dio en el borde, abolló el duro bronce
y lo hirió en las rodillas; Héctor cayó de espaldas,
pero el atento Apolo lo puso en pie enseguida.
Y los dos contendientes hubieran continuado
su lucha con espadas, si los heraldos de ambos
bandos no intervinieran para parar la lucha,
diciendo: "No combatan ni se lastimen más.
Todos reconocemos que los dos son valientes,
pero viene la noche y es bueno obedecerla.
Que troyanos y griegos puedan decir un día:
'Lucharon bravamente y acabaron amigos'."
Y uno a otro se dieron espléndidos regalos
y volvió jubiloso cada uno a sus tropas,
y todos se alegraron de que estuvieran vivos.

LOS GRIEGOS CONSTRUYEN UN MURO

No despuntaba aún la aurora, aunque aclaraba,
cuando un grupo de griegos se reunió para alzar
un muro, que guardara las naves y a ellos mismos.
Le construyeron puertas, que cerraban con tablas,
para que los caballos y los carros cupieran
y excavaron un hondo foso cerca del muro
que cercaron de estacas, para dormir seguros.
En eso trabajaban los melenudos griegos.

BATALLA INTERRUMPIDA

La aurora azafranada se esparcía por la tierra
y se desayunaban en sus tiendas los griegos
y se armaban de prisa. También en la ciudad
los troyanos se armaban. Son menores en número,
pero están obligados a combatir sin tregua
para salvaguardar a sus hijos y esposas.
De par en par se abrieron las puertas, y al instante
los de a pie y a caballo salieron en tumulto.
Sobrevino el encuentro, chocaron con estrépito
los escudos y lanzas y el valor de los hombres
y se alzaba espantoso el fragor del combate
y la sangre de muchos ensangrentaba el suelo.
Y cuando el sol llegaba a la mitad del cielo
Zeus, desde las alturas, envió contra los griegos
un rayo atronador, provocando el espanto
de todos, que corrieron hacia las hondas naves.
Tres veces tronó Zeus desde las altas cumbres
para anunciar al pueblo de la asediada Troya
que esta vez la victoria y la suerte eran suyas.
Y Héctor los arengaba, diciendo a los guerreros:
"¡Eh, troyanos y aliados que luchan cuerpo a cuerpo,
sean hombres, amigos, y muestren su valor!
Hoy nuestro padre Zeus nos brinda la victoria
De nada les valdrá el foso que excavaron.
Los griegos no podrán conmigo, y cuando llegue
cerca de sus navíos, no dejen de traerme
el fuego destructor para que los incendie
y mate junto a ellos a muchísimos griegos
asfixiados en humo!". Eso dijo, jactándose.

LOS GRIEGOS DERROTADOS

Como un perro de caza, que con ágiles pies
acosa a un jabalí o a un león mordiéndole
los muslos y las patas, así perseguía Héctor
a los fornidos griegos, que huían espantados.
Murieron muchos héroes a manos de los fieros
troyanos, que cazaban a todo el que podían.
Y cuando atravesaron las estacas y el foso,
junto a las negras naves, mermados y maltrechos,
los griegos imploraron la piedad de los dioses
hasta que el sol se hundió en el profundo océano
y la noche sombría cayó sobre la tierra.

Homero

LA NOCHE PROTEGE A LOS GRIEGOS

Héctor reunió a sus tropas cerca del río Janto
y lejos de las naves, en un sitio que estaba
exento de cadáveres, y les habló diciendo:
"¡Escúchenme troyanos, y amigos! Hoy es cuando
creí que volveríamos a la ventosa Troya
después de hundir las naves y acabar con los griegos.
Pero llegó la noche, burlando mis deseos,
y los salvó, a sus naves y, desde luego, a ellos.
Respetemos la sombra. Y junten mucha leña
para encender hogueras que ardan toda la noche,
no vaya a ser que quieran, en medio de las sombras,
intentar escaparse los melenudos griegos.
Cenaremos aquí. Y que algunos vayan
a la ciudad y traigan pan casero y el vino
que endulza el corazón. Y cuando claree el alba
en el cielo, troyanos, domadores de potros,
echaremos de aquí a esos perros rabiosos
que el destino nos trajo en sus negros navíos."
Así los arengó, y todos lo aclamaron.
Como cuando en la noche el viento aclara el aire
y fulgen las estrellas en torno de la luna,
así resplandecían las miles de fogatas
que los bravos troyanos con fervor encendieron.

AQUILES SE NIEGA A SALVAR A LOS GRIEGOS

Entretanto los griegos estaban aterrados,
incluso a los más bravos les punzaba el dolor.
Agamenón andaba de un lado para otro
y ordenó a los heraldos que llamaran a junta;
llegaron los guerreros con el rostro afligido.
Agamenón entonces se alzó llorando, y dijo:
"¡Amigos capitanes y jefes de los griegos!
En grave situación nos puso el padre Zeus.
Me prometió que no volvería sin antes
haber tomado Troya, la ciudad de altas torres,
y ahora ordena irnos y regresar sin gloria
después de haber perdido a tantísimos hombres.
Queriendo honrar a Aquiles el providente Zeus
causó nuestra derrota. ¡No podemos con Troya,
la de las anchas calles! Y hoy quisiera volver
a mi patria y mi gente… Remediaré mi ofensa.
Le ofreceré a Aquiles espléndidos regalos,
lo honraré con ofrendas, como si fuera un dios.
Que vaya una embajada a su tienda a buscarlo
esperando que quiera renunciar a su cólera."

Ilíada

AQUILES RECHAZA LAS SÚPLICAS

El poderoso Áyax y el sagaz Odiseo,
enviados por el rey, se fueron por la orilla
del rumoroso mar. Llegaron a las tiendas
y a las ligeras naves de las tropas de Aquiles
y encontraron al héroe tocando suavemente
una labrada lira, con Patroclo a su lado.
Y, viéndolos entrar, Aquiles, asombrado,
se levantó de un salto, e igual hizo Patroclo.
Aquiles pies-ligeros, tendiéndoles la mano,
con afecto les dijo. "¡Salud y bienvenida,
amigos! De seguro es algo muy urgente
lo que los trae aquí, cuando vienen ustedes
que, entre todos los griegos, me son los más queridos."
Le respondió Odiseo: "¡Salve, Aquiles! Tenemos
un inmenso desastre y no sabemos bien
si podremos salvar las bien labradas naves
si nos niegas tu ayuda, pues los bravos troyanos
combaten junto al muro y proclaman ufanos
que no resistiremos, e incendiarán las naves.
Levántate, si quieres rescatar a los griegos.
Agamenón te ofrece espléndidos regalos
para que consideres proteger a los tuyos.
Hay tiempo todavía, no lo llores mañana."
Le respondió Aquiles: "Odiseo sagaz,
hablaré sin rodeos, para que no haya duda.
Ni el rey Agamenón ni los griegos reunidos
lograrán convencerme. Me ofendió Agamenón
quitándome a Briseida y no me la ha devuelto.
¿Por qué han hecho los griegos la guerra a los troyanos?
¿Por qué juntó su ejército el gran Agamenón?
¿No fue para el rescate de la divina Helena?
¿Seré acaso la burla de los hijos de Atreo?
¿Es que sólo esos reyes aman a sus esposas?
Todo hombre que se precie cuida y ama a la suya,
y yo amaba a Briseida… No satisfaré al rey
ni volveré al combate. Entiendan mi dolor.
Sálvense como puedan. No me convencerán."
Todos enmudecieron. Y Áyax por fin habló:
"Vámonos Odiseo, pues nada lograremos
y debemos llevar la respuesta, aunque ingrata,
a nuestros compañeros que aguardan impacientes."
Eso dijo, y partieron. Ya frente a Agamenón
el sutil Odiseo le dijo al rey: "¡Glorioso
Agamenón altivo! No depondrá su cólera
ni acepta tus regalos el orgulloso Aquiles.
Dice que botará al mar sus negras naves
al despuntar la aurora de regreso a su patria,
y a todos aconseja abandonar la guerra."
Ante tales palabras, asombrados, los griegos
permanecieron mudos. Después, acongojados,
volvieron a sus tiendas y el sueño los cubrió.

Homero

COMBATE JUNTO A LAS NAVES

De su lecho se alzaba la refulgente aurora
para llevar la luz a dioses y hombres, cuando
los troyanos entraron en orden de batalla
en torno del gran Héctor y de su hermano Eneas,
honrado como un dios por el pueblo troyano;
y, dando órdenes, Héctor los condujo al combate,
brillando como el rayo, envuelto en su armadura.
Los troyanos y griegos con ardor se atacaban
como lobos audaces, sin pensar en la huída.
Agamenón, al frente de las falanges griegas,
manejando con furia su lanza formidable
y con su aguda espada y con grandes pedruscos
mató a muchos troyanos, pero pronto lo hirieron
a la mitad del brazo, por debajo del codo,
y dolores terribles doblegaron su fuerza.
El rey siguió luchando, pero cuando la sangre
de la herida se enfrió, el dolor lo agobió.
De un salto, desolado, el rey subió a su carro
e hizo que lo llevaran de regreso a las naves.
Gritando fuertemente, se dirigió a los griegos:
"¡Aparten de las naves el funesto combate
pues a mí el padre Zeus me impide continuar!"
Héctor, al darse cuenta que Agamenón partía,
arengó a sus guerreros: "¡Troyanos, sean hombres
y muestren su impetuoso valor. El más valiente
de nuestros enemigos se aleja y el gran Zeus
nos da una gran victoria!". Y con estas palabras
en todos excitó el valor y la fuerza.
Combatiendo de cerca, los troyanos entraron
con ímpetu en la lucha, como la tempestad
que viene de la altura y alborota el océano.

LA DERROTA

Aquiles que observaba de lo alto de su nave
la espantosa derrota, comentó con Patroclo,
su amigo y compañero: "Van a venir los griegos,
ahora a suplicarme que pronto los socorra."
El combate era atroz. Los troyanos cargaban
con vigor a los griegos, quienes, dentro del muro,
apretaron sus filas pero no recularon.
Desde lo alto del muro los griegos arrojaban
piedras, desesperados, buscando defenderse,
y las flechas llovían y los cascos y escudos
en seco resonaban. Arengando a sus tropas,
fue él, Héctor, el primero que atacó el muro griego:
"¡Troyanos, arremetan, destrocemos el muro
e incendiemos las naves!", dijo, y cogió una piedra
que dos hombres actuales apenas lograrían
colocar en un carro pero que él manejaba
sin esfuerzo, arrojándola contra las fuertes tablas
que formaban la puerta, y la maciza roca
aplastó los cerrojos y destrozó las tablas.
Como un torbellino, Héctor saltó dentro del muro.
El bronce relucía de un modo aterrador
en torno de su cuerpo: empuñaba dos lanzas,
los ojos le brillaban como relumbra el fuego.
Nadie, a no ser un dios, hubiera conseguido
oponerse a su encuentro. Los griegos se ocultaron
en las cóncavas naves y estalló un gran tumulto.

HÉCTOR CONSIGUE INCENDIAR LOS BARCOS GRIEGOS

Dando terribles gritos, los troyanos movían
sus carros de combate con una furia inmensa.
Los griegos, derrotados, trataban de salvarse
en sus sólidas naves; con los brazos en alto
clamaban el auxilio de los altivos dioses.
Cual las olas del mar, altas de muchos metros,
saltan por encima del costado de un barco
cayendo en la cubierta al arreciar el viento,
de la misma manera los troyanos pasaron
el muro y pelearon muy cerca de las naves
con afiladas lanzas. Por su parte los griegos
subidos en sus naves, batallaban con picas
puntiagudas de bronce que estaban en los barcos.
Pese a que los troyanos, domadores de potros,
atacaban con furia los griegos daban muestras
de increíble valor. Áyax, Idomeneo,
Diomedes, Odiseo y muchos otros héroes
y jefes no cesaban de animar a los suyos.

Áyax salió al encuentro del aguerrido Héctor,
y luchando los dos, ni el bravo Héctor podía
hacer a un lado a Áyax para incendiar las naves,
ni Áyax conseguía que Héctor retrocediera.
Héctor, gritando recio, animaba a su ejército:
"¡Ea, troyanos, luchen formando intraspasables
escuadrones cerrados, acérquense a las naves
y quien deba morir honrosamente, muera!"
Áyax, que no cedía, exhortaba a los suyos:
"¡Llegó el momento, griegos, de morir o salvarnos
arrojando de aquí a los bravos troyanos!

¿No escuchan cómo anima Héctor a sus guerreros?
No los invita a un baile, sino al feroz combate.
Para nosotros no hay mejor consejo que éste:
pelear fieramente contra los enemigos."
Así los exhortaba. Sin embargo, los griegos
se vieron obligados pronto a retroceder.
Y cuando se agrupaban en torno de sus tiendas,
los troyanos lanzaron un decidido ataque
con lo cual consiguieron llegar junto a las naves.
De nuevo se trabó un reñido combate
al pie de las oscuras y altas embarcaciones.
A grandes pasos Áyax recorría las naves
y daba horribles gritos exhortando a los griegos
a defender los barcos y el vasto campamento.
Muchas lanzas y espadas rodaron por el suelo,
y por la oscura tierra manaba mucha sangre.
Héctor logró alcanzar la popa de una nave
y gritó, sin soltarla: "¡Traigan fuego, pues Zeus
nos concede hoy un triunfo que lo compensa todo!
¡Quemaremos las naves que tantos infortunios
nos han ocasionado! ¡Zeus nos conduce y anima!"
Áyax no resistió; retrocedió, abrumado
por la lluvia de flechas, hasta un barco remero
desde donde gritaba: "¡La vida está en los puños!"
Y con su lanza hería a todos los troyanos
que intentaban quemar las altas naves griegas.

PATROCLO SALVA A LOS GRIEGOS

De este modo luchaban por las cóncavas naves.
Como fuente que vierte sus impetuosas aguas
por una agreste roca, llorando ardientes lágrimas
se presentó Patroclo ante el divino Aquiles.
Al verlo, preguntó el de los pies ligeros:
"¿Por qué lloras, Patroclo, igual que una niñita
que se acerca a su madre y le jala el vestido
para que ella la cargue?". Suspirando hondamente
le respondiste así, caballero Patroclo:
"¡Oh Aquiles, el más valiente de los griegos,
eres inexorable! ¡Que nunca se apodere
de mí un rencor igual al que te ciega el alma!
Tu valor, ¿de qué sirve? ¿A quién le serás útil
si no salvas ahora de la muerte a los nuestros?
Si rehúsas luchar, mándame con tus tropas
y deja que me cubra con tu recia armadura
para que los troyanos, creyendo que regresas,
dejen de combatir." Así le suplicó.
Aquiles, indignado, contestó de este modo:
"¡Ah Patroclo!, ¿qué dices? No rehúso el combate,
pero me oprime el alma y me indigna lo injusto
de que un hombre abusivo, porque es más poderoso,
quiera quitarle a otro lo que le corresponde.
La muchacha que obtuve con mi vibrante lanza,
Agamenón Atrida me la quitó con burlas,
como si fuera yo cualquier desconocido.
Pero no insistiré, lo pasado, pasado.
No es posible guardar para siempre la furia
en nuestro corazón. Ponte sobre los hombros
mi espléndida armadura, ve al frente de mis tropas,
ataca a los troyanos y conduce el combate.
Y en cuanto los alejes, vuelve atrás." Eso dijo
el hijo de Peleo, el poderoso Aquiles.

Mientras ellos hablaban, Áyax ya no podía:
los resueltos troyanos le arrojaban sus flechas
sin cesar, golpeando su casco reluciente,
y el casco resonaba de una manera horrible.

Y el héroe tenía acalambrado el hombro
de cargar el escudo, y estaba sin aliento.
Los troyanos lanzaron fuego contra una nave
y pronto se extendió una llama voraz
que se enroscó en la popa. Aquiles lo observaba
y le ordenó a Patroclo: "Ahora, ármate rápido,
yo reuniré a las tropas!". Se revistió Patroclo
la espléndida armadura y mandó a Automedonte,
su colega y amigo, que enganchara con prisa
al carro de combate los caballos de Aquiles.
Aquiles recorría entretanto las tiendas
y ordenaba a sus huestes que tomaran las armas.
Los guerreros siguieron al insigne Patroclo
hasta que arremetieron con fuerza a los troyanos;
se esparcieron en torno como avispas furiosas
y una gran gritería se levantó al instante,
pues cuando los troyanos vieron que se acercaba
Patroclo con la espléndida armadura de Aquiles,
se estremecieron, pues creyeron que volvía
al terrible combate el hijo de Peleo,
que habiendo renunciado a la cólera ya era
amigo nuevamente del rey Agamenón,
y cada uno miraba por dónde podría huir.
Patroclo apagó el fuego que incendiaba la nave
y el barco quedó ahí, a medias chamuscado.

Como se va extendiendo desde el monte una nube
en el cielo después de un día despejado
cuando una tempestad se aproxima, así huyeron
los valientes troyanos, sin orden, dando gritos.
El foso detenía a muchos, que cayeron
y fueron aplastados por sus propios caballos,
los cuales regresaban corriendo a la ciudad
desde las negras naves y las erguidas tiendas.
Y el polvo que dejaban se elevaba hasta el cielo.

MUERTE DE PATROCLO

Ahí donde veía que más desordenados
iban sus enemigos, ahí se encaminaba
Patroclo dando gritos, y caían de bruces
frente a él los guerreros. Y mató derribando
a incontables troyanos; acababa con ellos
para vengar la muerte de muchos compañeros.
Había llegado Héctor con su carro y caballos
ante las altas puertas de la ventosa Troya
y dudaba entre volver al sangriento combate
u ordenar que su gente entrara a refugiarse
detrás de los enormes muros de la ciudad,
cuando el terrible Apolo ante él apareció
y lo animó a atacar al valiente Patroclo.
Patroclo acometía furioso a los troyanos;
tres veces atacó, gritando horriblemente;
tres veces mató nueve hombres. Y al atacar
por cuarta vez, Apolo, feroz, salió a su encuentro.

En la fuerte batalla vino a encontrarlo,
pero Patroclo no lo vio. El dios, cubierto
por una densa nube, se le puso detrás
y, con la mano abierta, le dio un golpe en la espalda.
Patroclo sintió vértigos. El dios le quitó el casco,
que rodó con estrépito manchándose de sangre,
(jamás, por ser de Aquiles, se había ensuciado el yelmo),
y le rompió la lanza, le arrancó la coraza
y el poderoso escudo, que cayeron al suelo.
Patroclo se detuvo atónito, y entonces
un joven le clavó una lanza en la espalda,
en medio de los hombros. Al sentir que lo herían,
esquivando el destino retrocedió Patroclo
hacia sus compañeros. Pero Héctor lo advirtió,
lo siguió entre las filas y le encajó en el vientre
su lanza, atravesándolo, y Patroclo cayó
con estrépito, y mucho se afligieron los griegos.
Y Héctor, con jactancia, le dijo estas palabras:
"¡Presumiste, Patroclo, que sin duda podrías
destruir nuestra ciudad y que te llevarías
nuestras hijas y esposas a tu patria! ¡Insensato!
Héctor estaba aquí, para velar por ellas!"
Patroclo, con voz lánguida entonces respondió:
"Los dioses te otorgaron ahora la victoria.
¡Disfrútala, pues no has de vivir mucho tiempo,
pues la muerte se acerca en la manos de Aquiles!"
Y apenas pronunció esto, la muerte lo envolvió.

Homero

PRINCIPALÍA DE MENELAO

Al darse Menelao cuenta de que Patroclo
había sucumbido, abriéndose camino
entre los que luchaban en la primera fila,
comenzó a defender el cadáver del héroe.
Le había quitado Héctor la espléndida armadura
y pensaba entregar a los perros de Troya
el cuerpo ensangrentado. Pero Áyax, con su escudo,
y el rubio Menelao lo hicieron recular.
Héctor retrocedió, alcanzó a los troyanos
que llevaban a Troya la armadura de Aquiles,
se despojó ahí mismo de su propia armadura
y se puso la espléndida armadura del griego,
que los dioses le dieran una vez a su padre
y que a su vez Peleo, cuando ya estaba anciano,
le regalara al hijo, que ya no habría de usarla.
Le quedó bien a Héctor la armadura de Aquiles
y en cuanto se la puso se apoderó del héroe
un terrible deseo de luchar y vengarse,
y corrió hacia sus tropas decidido a animarlas.
Lo griegos combatían con el ardor del fuego,
defendiendo el cadáver del infeliz Patroclo.
Chocaban los escudos y se alzaban las lanzas,
y se hubiera pensado que ya no existía sol
en el cielo, ni luna: tan densa era la niebla
que cubría a los guerreros de un ejército y otro
que feroces luchaban en torno del cadáver.

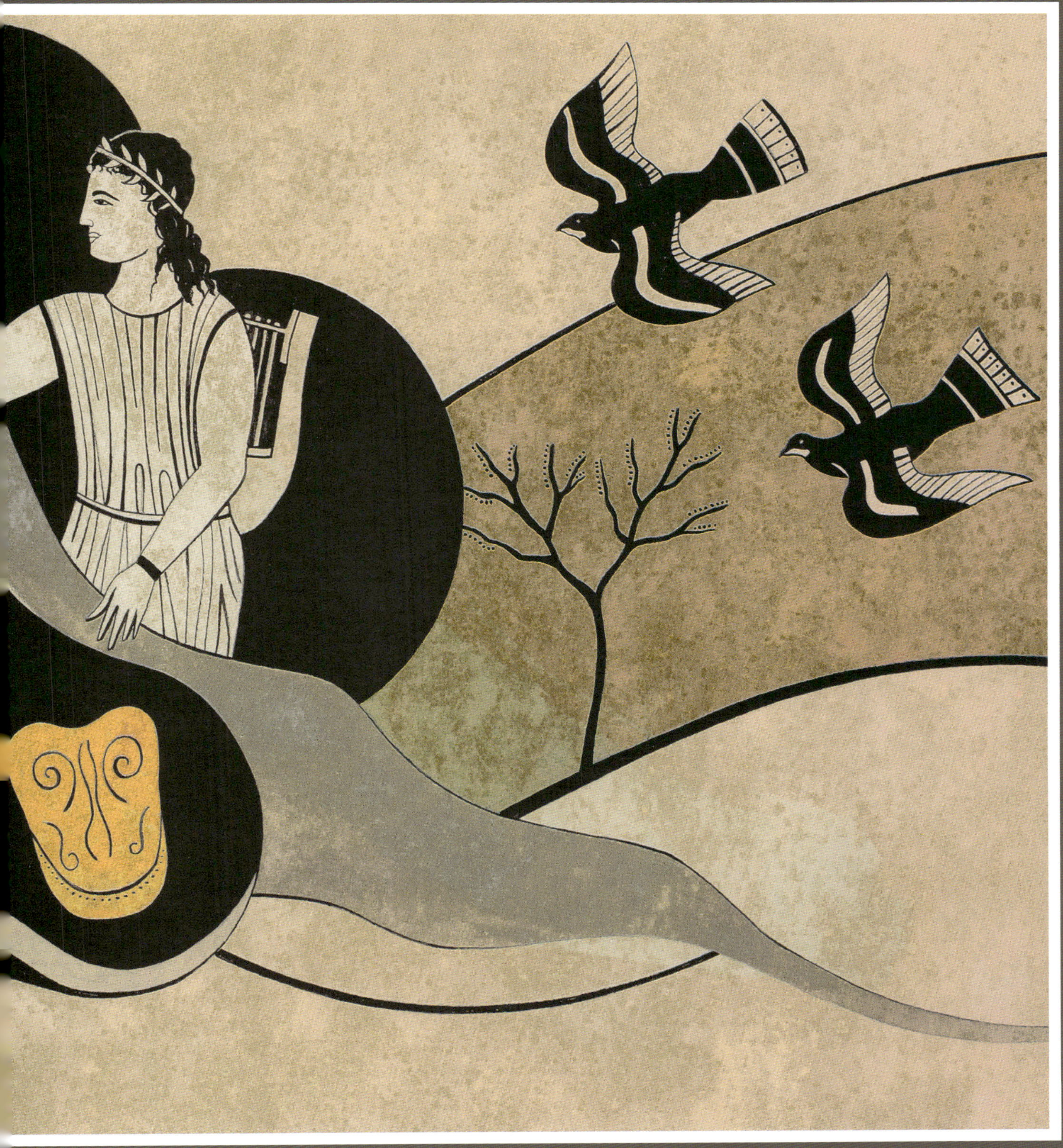

AQUILES SE ENTERA DE LA MUERTE DE PATROCLO

Los griegos y troyanos luchaban fieramente
cuando Antíloco, el hijo del viejo y sabio Néstor,
mensajero veloz, llegó en busca de Aquiles.
Lo halló junto a las naves de prominentes popas,
y, derramando lágrimas, le anunció la noticia:
"¡Ay, hijo de Peleo, Aquiles gloriosísimo!
Una cosa que nunca debiera haber pasado
sucedió, algo muy lúgubre: Patroclo está tendido
en el polvo y los griegos y los troyanos luchan
en torno del cadáver desnudo, pues tiene Héctor,
el de yelmo luciente, tu espléndida armadura."
Así habló, y una nube de profundo dolor
envolvió al fiero Aquiles. El héroe cogió
ceniza con las manos, la tiró en su cabeza
y se tiznó la cara; y luego se acostó
en el polvo, llorando, y se arrancaba el pelo,
gritando de dolor. Lo oyó su madre, Tetis,
que estaba en una gruta en el fondo del mar,
y, sollozando, dijo: "Iré a ver qué lo aflige."
Y salió de la gruta. Cuando llegó a las playas
de la ventosa Troya, se aproximó a las naves
y se acercó a Aquiles, que gemía tristemente.
Le abrazó la cabeza y, sollozando, dijo:
"Hijito, ¿por qué lloras?". Y Aquiles respondió:
"Madre mía, Patroclo, mi amigo más querido,
ha muerto, y tras matarlo, Héctor lo ha despojado
de la hermosa armadura que los dioses le dieron
a mi preclaro padre el día de sus bodas."
A su vez dijo Tetis, la de los pies de plata:
"Los dioses han dispuesto que en cuanto des la muerte
a Héctor, tú morirás." Y Aquiles respondió:
"No me importa morir si Patroclo está muerto."
Tetis le contestó: "Hijo, justo es que luches
por tus amigos, pero no vuelvas al combate
antes que con tus ojos me hayas visto venir.
Regresaré a la aurora, cuando despunte el sol,
vendré para traerte una hermosa armadura
forjada por Hefesto, el cojo dios del fuego,
que es el más grande artífice." Y partió hacia el Olimpo.

Homero

AQUILES RENUNCIA A LA CÓLERA

Se elevaba la aurora del fondo del océano
para llevar la luz a inmortales y humanos
cuando llegó a las naves del ejército griego
la diligente Tetis con la hermosa armadura
forjada por Hefesto. Y tomando la mano
de Aquiles, se la dio, diciéndole amorosa:
"Hijito mío, toma, recibe la armadura
forjada por Hefesto, tan bella y excelente
como nunca hombre alguno llevó sobre los hombros."
Y colocó en el suelo la labrada armadura
que resonó con fuerza. Y los griegos que estaban
con Aquiles temblaron con temor, y ninguno
osó verla de frente y se fueron, con miedo.
Aquiles la tomó y le dijo a su madre:
"Ahora, madre mía, me pondré la armadura."
Y se fue por la orilla del mar el fuerte Aquiles
dando espantosos gritos, y convocó a los griegos
a una junta en la playa. Y todos acudieron
pues regresaba Aquiles después de estar ausente
del funesto combate durante mucho tiempo.
El valiente Diomedes y el divino Odiseo
llegaron cojeando, en la lanza apoyados
pues estaban heridos, y tomaron asiento
en la primera fila, por delante de todos.
Agamenón, rey de hombres, el último en llegar,
también estaba herido. Y cuando estaban todos
reunidos, se alzó Aquiles y dijo. "¡Agamenón!
Mejor hubiera sido, para ti y para mí,
permanecer unidos que, con el corazón
airado, pelearnos por una hermosa joven.
No habrían así muerto tantos y tantos griegos
a manos enemigas mientras duró mi cólera.
Para Héctor y los suyos resultó un beneficio.
Pero será mejor olvidar lo pasado.
Ea, incita a los griegos a retomar la lucha,
a ver si los troyanos quieren pasar la noche
junto a las corvas naves." Así habló, y se alegraron
los griegos, conociendo que dejaba la cólera.
Y el héroe, furioso con los recios troyanos,
rechinando los dientes, los ojos como ascuas
y el corazón traspasado de indecible dolor,
se puso la armadura forjada por Hefesto:
la coraza, el escudo, el yelmo de tres crestas.
Y al probarla sintió como alas que lo alzaban.
Los aurigas uncieron los caballos al carro
y Aquiles, cuyas armas brillaban como el sol,
dirigió los caballos a las primeras filas.

COMBATE DE LOS DIOSES

En lo alto del Olimpo Zeus convocó a los dioses
a una junta, y les dijo: "Aunque van a morir
me inquietan los troyanos y los forzudos griegos.
Me quedaré sentado, contemplando el combate,
que los demás se vayan y ayuden a unos y otros."
De esta manera habló Zeus, que agolpa las nubes,
y promovió la guerra. Y los dioses se fueron
partidos en dos bandos. Con los griegos estaban
Poseidón, Atenea, Hera, Hermes y Hefesto.
Con los troyanos, Ares, Febo Apolo, Artemisa,
Leto, Janto, Afrodita. Y el padre Zeus tronó
terriblemente en lo alto, Poseidón sacudió
por debajo la tierra y temblaron los valles
y cumbres de los montes y las fuentes y cimas
y la ciudad troyana e igual las naves griegas.
Tal estruendo se alzó cuando entraron los dioses,
combatiendo entre sí, en la horrenda batalla.
El llano, lleno de hombres y de fuertes caballos,
brillaba como el bronce; la tierra retumbaba
bajo los pies de aquellos que, fieros, se atacaban.
Eneas, hijo de Anquises, amado por Apolo,
y Aquiles el divino, ansiando combatir
y yendo uno contra otro, con valor se enfrentaron.

Se arrojaron las lanzas, y hubiera terminado
ahí mismo la vida del insigne troyano
si Poseidón no hubiera decidido salvarlo:
vertió una niebla espesa en los ojos de Aquiles
y se llevó a Eneas lejos de la batalla.
Cuando se disipó de los ojos de Aquiles
la niebla, obra del dios, el héroe, asombrado,
a sí mismo se dijo: "En verdad, qué prodigio
contemplaron mis ojos. Ahora enfrentaré
a los otros troyanos." Y dando horribles gritos
empezó a matar héroes. Aquiles se movía,
furioso, con la lanza. Como en el monte estalla
un incendio violento, y arden los altos bosques
y el viento azuza el fuego, así Aquiles seguía
semejante a los dioses, a los tristes que habrían
de morir por su golpes. Y manaba la sangre.
Y Aquiles anhelaba alcanzar gloria, y tenía
las dos manos manchadas de negra sangre y polvo.

BATALLA JUNTO AL RÍO

Huyendo, los troyanos llegaron a la orilla
del caudaloso Janto, río de honda corriente,
y ahí el divino Aquiles los dividió en dos grupos:
llevó a unos por el llano, con rumbo a la ciudad,
y los otros cayeron con fragor en el río.
Bramaba la corriente, retumbaba la orilla,
y los tristes troyanos, dando gritos, nadaban
mientras los arrastraban los hondos remolinos.
Dejó su lanza Aquiles recargada en un árbol
y se lanzó al río, como si fuera un dios,
matando a los troyanos nada más con su espada.
El agua estaba roja, y él los despedazaba.
El río, enfurecido, pensaba cómo habría
de librar de la muerte a los pobres troyanos.
Transfigurado en hombre desde sus remolinos
habló al rápido Aquiles: "¡Magnánimo! Mis aguas
están llenas de cuerpos y tú sigues matando
de un manera atroz." Y pidió ayuda a Apolo.
El aguerrido Aquiles, famoso por su lanza,
saltó desde la orilla hasta el centro del río,
pero éste lo atacó presa de inmensa furia:
levantó sus corrientes y, mugiendo al hincharse,
golpeó con su olas el escudo del héroe
bramando como un toro, queriendo devorarlo.
Y el hijo de Peleo, sorprendido, saltó
desde el lecho del río, y corrió por el llano,
con miedo. Y no por eso dejó el dios de seguirlo,
sino que alzó tras él altas olas sombrías.
Y el de los pies ligeros buscaba huir, desviándose
a un lado y otro, pero el río no cejaba,
le roía los pies, lo azotaba en los hombros.
Y clamó, viendo al cielo, el poderoso Aquiles:
"Padre Zeus, ¿no vendrá ningún dios a salvarme?"
Y el río, embravecido, levantaba sus olas
queriendo sepultar con la espuma, la sangre
y los muchos cadáveres furiosamente al héroe.

Y cuando estaba Aquiles a punto de caer
la diosa Hera gritó, temerosa que el río
por fin lo derribara, y ordenó a Hefesto, su hijo:
"¡Levántate, hijo mío, socorre pronto a Aquiles!"
Y aventó el cojo Hefesto un fuego abrasador
que incendió la llanura: el campo se secó
y el agua se detuvo. Y luego dirigió
el fuego contra el río, y el mismo río ardió
y su corriente hervía como hierve un caldero,
y el vapor lo agobiaba, hasta que ya no pudo.
El río se frenó y Hefesto extinguió el fuego.
Así fue dominado el ánimo de Janto,
y las olas volvieron a su hermosa corriente.

LOS TROYANOS SE REFUGIAN TRAS LAS MURALLAS

Vencidos por la sed y cubiertos de polvo
los troyanos huían hacia la fuerte Troya
y sus altas murallas. Los perseguía Aquiles,
destructor de ciudades, con la impetuosa lanza.
El anciano rey Príamo, que observaba el combate
desde un muro elevado, ordenó que se abrieran
las puertas para que los troyanos entraran.
Y cuando atravesaron el portón, la ciudad
se llenó con los que allí se refugiaron.

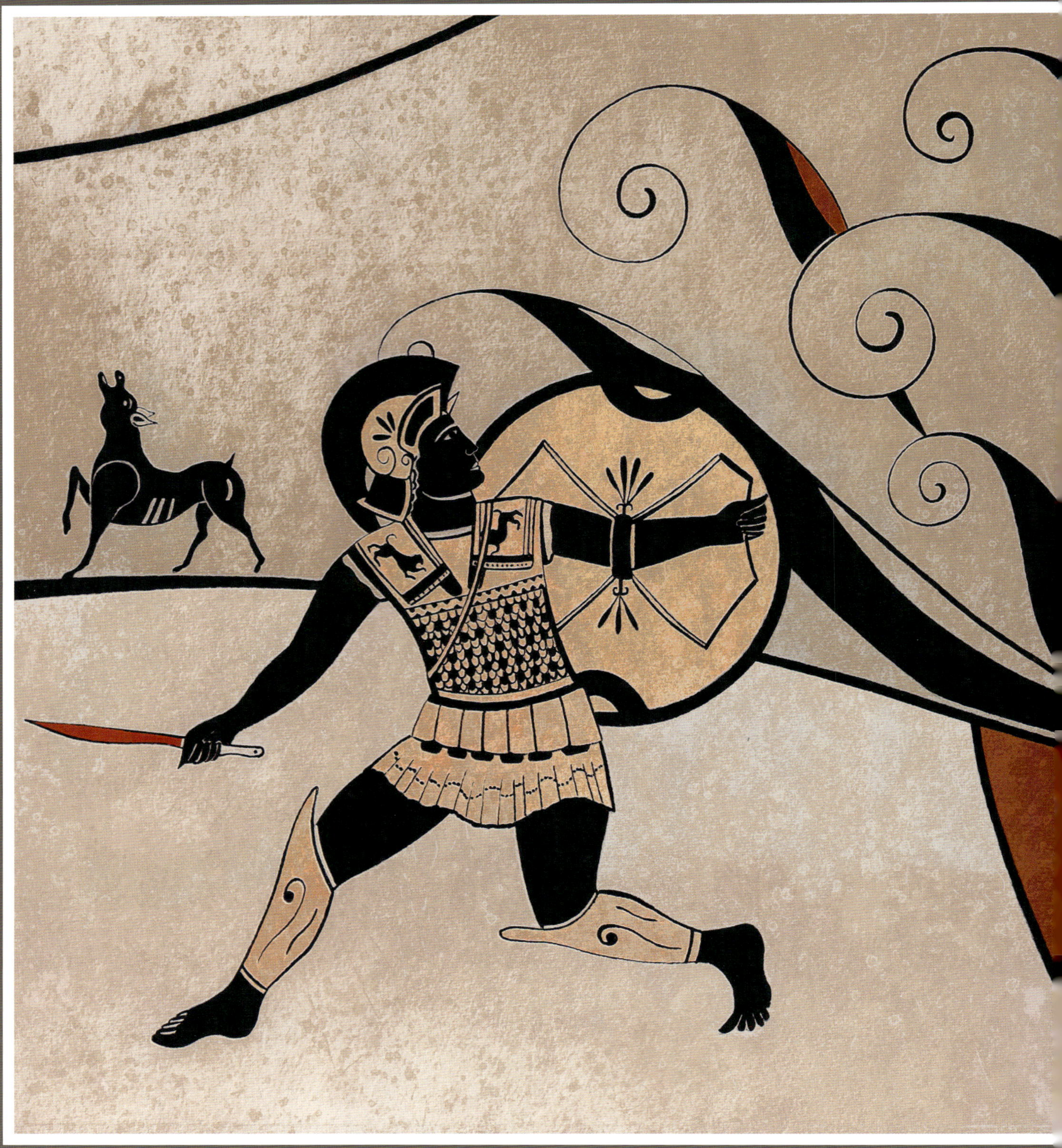

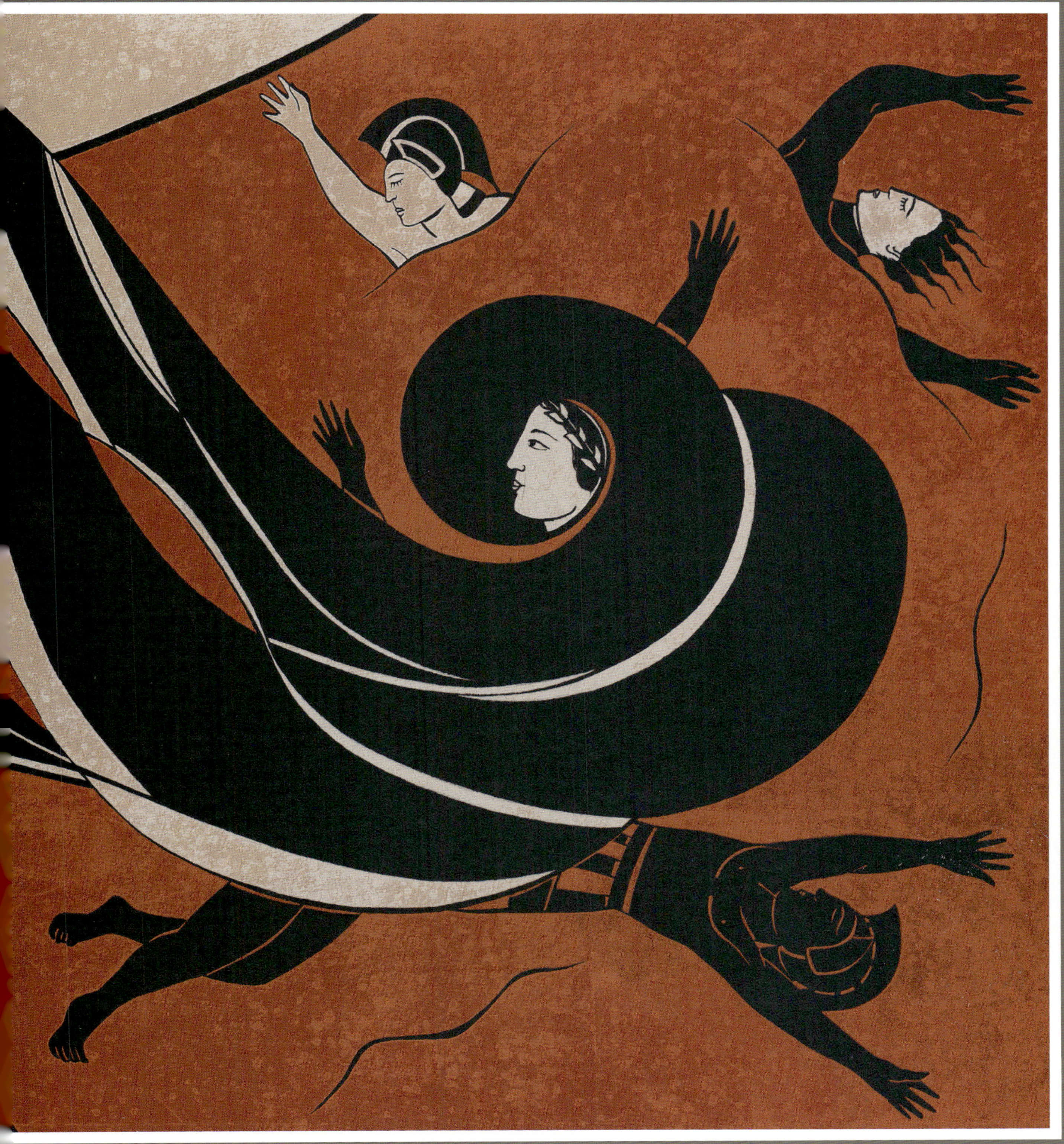

MUERTE DE HÉCTOR

Huyendo como ciervos, los troyanos buscaron
refugio en la ciudad. Y ahí se refrescaban
y apagaban su sed mientras las huestes griegas
se acercaban al muro. Pero a Héctor el destino
lo hizo quedarse fuera, delante de las puertas
y los muros de Troya. Y viéndolo, su padre,
el anciano rey Príamo, que contemplaba a Aquiles
venir por la llanura, brillante como el astro
al que llaman el *Perro de Orión* por la manera
en que resplandecía sobre su pecho el bronce,
gimió desde la torre en que observaba todo,
y el viejo, golpeándose la frente con las manos,
rogó a su hijo que entrara; le decía. "¡Hijo mío,
ven adentro del muro, ponte a salvo y protege
a los tuyos; ten, por favor, piedad de mí!"
Pero Héctor continuaba a la espera de Aquiles,
que ya se aproximaba. Y cuando estuvo cerca,
con el yelmo brillando y blandiendo su lanza
como un rayo, terrible, Héctor se echó a temblar
y ya no se atrevió a quedarse más tiempo;
abandonó las puertas y huyó aterrorizado.
Y Aquiles se lanzó, confiando en sus pies ágiles.
Como el halcón persigue a una incauta paloma
y ella vuela en zigzag y él se acerca, gritando,
así el griego volaba y Héctor se estremecía.
Un valiente escapaba pero otro más potente
y veloz lo seguía. Tres veces dieron vuelta
a la ciudad de Príamo, corriendo velozmente.

Los dioses observaban y el muy rápido Aquiles
no quitaba la vista del horrorizado Héctor.
Y los dioses entonces desampararon a Héctor.
Y Palas Atenea, la de brillantes ojos,
bajó para animarlo a luchar frente a frente.
Tomando la figura de Deífobo, su hermano,
engañó a Héctor: le dijo que los dos enfrentaran
al fiero Aquiles, que ambos, así, resistirían.
El héroe se detuvo y se plantó ante Aquiles;
y cuando estuvo cerca, con voz firme le dijo:
"Oh hijo de Peleo, no voy ya a huir de ti,
pero hagamos un pacto: si consigo matarte
y obtengo la victoria, les daré tu cadáver
a tu gente y los tuyos; haz lo mismo conmigo."
Viéndolo torvamente le respondió Aquiles:
"Héctor, yo no te olvido, no me vengas con tratos.
Igual que no hay alianzas entre leones y hombres
o lobos y corderos, tampoco puede haber
entre nosotros pactos, hasta que alguno caiga,
derramando su sangre. Ya no tienes escape."
Y apenas habló así, tiró la enorme lanza.
Héctor la vio venir y la esquivó, inclinándose;
la lanza pasó encima y se clavó en el suelo.
Y Palas Atenea, sin que Héctor lo advirtiera,
la arrancó para dársela a Aquiles nuevamente.
Y Héctor tiró su lanza que chocó contra el escudo
del griego. Y como ya no tenía otra lanza,

Homero

Héctor llamó a su hermano para pedirle otra arma,
pero el supuesto hermano ya no estaba a su lado.
Y Héctor comprendió entonces todo y dijo, afligido:
"Ya los dioses me llaman a la espantosa muerte.
Yo creí que mi hermano estaba aquí conmigo.
Pero no, fue Atenea, ella, quien me engañó.
Ya no hay escapatoria. Se cumplió mi destino.
Pero no moriré cobardemente, al menos."
Desenvainó la espada que llevaba al costado
y como un águila enorme que atraviesa las nubes
se arrojó contra Aquiles. Aquiles a su vez
lo embistió con gran furia, y le hundió en la garganta
la lanza, cuya punta, atravesando el cuello,
asomó por la nuca. Héctor cayó en el polvo
y Aquiles se jactó de su triunfo, diciendo:
"¡Pensaste estar a salvo, necio, cuando robabas
las armas a Patroclo, y no consideraste
que había un vengador! Te quebré las rodillas.
¡Las aves y los perros te despedazarán!"
Ya casi sin aliento, dijo Héctor moribundo:
"Te suplico por tu alma y por tus altos padres,
no me des a los perros, y recibe el rescate
que mi querido padre te pagará por mí."
Le contestó Aquiles, viéndolo torvamente:
"¡No ruegues nada, perro!" Y alcanzó a decir Héctor:
"Ah, te conozco bien. Tienes un corazón
de hierro, y no podrá ninguno convencerte."
Y apenas lo hubo dicho, la muerte lo envolvió.
Voló el alma del cuerpo y descendió al oscuro
abismo de los muertos llorando su destino.
Aquiles arrancó la lanza de su cuerpo,
le quitó la armadura y entonces acudieron
muchos guerreros griegos y, admirando la fuerza
y la forma admirable de Héctor, no hubo ninguno
que dejara de herirlo. Y Aquiles exclamó:
"¡Amigos, capitanes y jefes de los griegos!
Acabamos con Héctor, que tanto mal nos hizo
y a quien su pueblo honraba como si fuera un dios.
Llevémonos su cuerpo y honremos a Patroclo",
dijo, y para ultrajarlo, le horadó los tendones
por detrás de ambos pies, le ensartó dos correas
de piel de buey, lo ató a su carro, de modo
que pudiera arrastrar la cabeza, y subiendo
a su carro gritó y arreó a los caballos.
Una gran polvareda se alzó y en el polvo
yacía la cabeza mientras era arrastrada.
Cuando llegó a las naves junto al ruidoso mar,
Aquiles arrojó el cadáver de Héctor
a los perros, queriendo que lo despedazaran,
pero los animales no osaron acercarse
pues la diosa Afrodita los echaba, y untó
con aceite divino el maltrecho cadáver
para impedir que Aquiles lo dañara arrastrándolo.

RESCATE DE HÉCTOR

Pasaron doce días desde la muerte de Héctor.
Y Febo Apolo dijo a los augustos dioses:
"Aquiles desdeñó la piedad; debe entonces
temer que contra él, aunque sea valiente,
nos irritemos." Zeus, que amontona las nubes,
replicó: "Para mí y para muchos dioses
Héctor fue el más querido entre todos los hombres
que residen en Troya. Llamaremos a Tetis
para que vaya y hable con su orgulloso hijo
y lo convenza, pronto, de entregar el cadáver
del audaz Héctor al rey Príamo, su padre."
Y llamaron a Tetis, la de los pies de plata.
Y Zeus la conminó: "Ve y dile a tu fiero hijo
que los dioses estamos irritados con él,
y lo estaremos más, si no permite que Héctor
se le devuelva ya a su afligido padre."
Eso le dijo, y Tetis no fue desobediente.
Se fue volando. A Aquiles halló junto a su tienda
y obediente le dio el mensaje de Zeus.
"Está bien —dijo Aquiles—, que traigan el rescate
y se lleven al muerto, si es lo que Zeus ordena."
Y Zeus mandó avisar al viejo rey de Troya
que fuera hasta las naves de los fornidos griegos
y rescatara a su hijo, llevando los regalos
y el rescate debido para aplacar su enojo.
Príamo obedeció. Y tomó de sus arcas
muchos dones magníficos: oro, mantos y túnicas,
y en un carro de mulas de hermosas ruedas puso
todo y se encaminó al campamento griego.
Y llegó hasta la tienda del poderoso Aquiles
construida con abetos y con techos de caña.

El viejo rey bajó del bien cargado carro
y fue directamente a donde estaba Aquiles.
Lo encontró solo, cenando. Le abrazó las rodillas
y besó aquellas manos terribles, asesinas,
que habían dado muerte a tantos hijos suyos.
Y, suplicando, Príamo se dirigió a Aquiles,
diciéndole: "¡Acuérdate de tu padre, oh Aquiles,
semejante a los dioses, que es de mi misma edad.
Pero yo, desdichado, engendré cincuenta hijos
y puedo asegurar que ninguno me queda;
y en cambio él todavía te tiene a ti, que vives.
A Héctor, que defendía la ciudad y su gente,
tú lo mataste mientras luchaba por la patria.
Hazle honor a los dioses, Aquiles…". Así habló.
Sintió Aquiles deseos de llorar por su padre.
Y lloraron los dos. Y cuando se calmaron,
el anciano añadió: "Entrégame ya a mi hijo
para que lo contemple con mis dolidos ojos
y recibe el rescate que ahora te traemos."
Mirándolo furioso, le respondió Aquiles:
"¡No me irrites, anciano, no vaya a ser que quiera
desoír los mandatos de Zeus, y te mate!"
Como un león salió Aquiles de su tienda
y tomó los regalos magníficos que Príamo
le llevó. Y ordenó que lavaran el cuerpo
de Héctor y lo cubrieran con una hermosa túnica.
Después, el mismo Aquiles lo colocó en un lecho
y lo llevó hasta el carro. Luego volvió a su tienda
y preguntó al rey Príamo: "Te he regresado a tu hijo,
viejo, como querías. Ahora dime ¿cuántos
días querrás honrarlo?". Y respondió el rey Príamo:

"Si quieres en verdad que pueda celebrar
los funerales de Héctor, compláceme con esto:
durante nueve días lloraremos por él
en el palacio; el décimo, iremos a enterrarlo,
una tumba le haremos el undécimo día,
y a luchar volveremos, si es forzoso, el duodécimo."
Aquiles respondió: "Se hará como tú dices.
Suspenderé el combate durante doce días."
Y dicho esto, estrechó la mano al viejo Príamo,
para que no temiera, y lo invitó a dormir.
Pero en la noche el dios Hermes despertó al rey,
enganchó los caballos y las mulas al carro
y le ordenó partir. Y sin que lo notaran
lo condujo a través del ejército griego.
Cuando ya amanecía el anciano monarca
regresó a la ciudad con el cadáver de Héctor.
Y llamaron a todos a que lo contemplaran.
Y todos acudieron, troyanas y troyanos:
no quedó ningún hombre o mujer sin llorarlo.
Un heraldo avanzó y dijo a grandes voces:
"Ya nunca lo veremos regresar del combate
ni nos alegraremos de sus triunfos y gloria.
A él, que era el regocijo de su patria y su pueblo."
Y su esposa y su madre corrieron a abrazarlo;
tomaron en sus manos su graciosa cabeza,
llorando, y se arrancaban los cabellos, deshechas.

Luego alzaron el cuerpo y lo depositaron
en el hondo palacio, en un gran lecho expuesto.
Y Andrómaca, la esposa, así se lamentaba:
"¡Esposo mío, has muerto cuando aún eras joven,
y me has dejado viuda en el hondo palacio;
y el hijo que tuvimos, que aún no sabe hablar,
quién sabe si algún día llegue a la juventud,
pues antes la ciudad será desbaratada
porque caíste tú que eras su defensor,
el que a todos salvaba, a todos protegía,
a los secos ancianos y a los tiernos niñitos.
¡Qué lúgubres dolores nos has causado! ¡Héctor,
Héctor, todos te lloran! ¡Qué dolor padecemos!"
Eso dijo, llorando. Y todos sollozaban.
Y el anciano rey Príamo se dirigió así al pueblo:
"Ahora traigan leña a la ciudad; no teman
la menor emboscada: Aquiles prometió
no hacernos la guerra hasta la duodécima aurora.
Y el pueblo se reunió fuera de la ciudad.
Durante nueve días juntaron abundante
leña; después, el décimo, con los ojos bañados
en lágrimas, sacaron el augusto cadáver,
alzaron la alta pira y le prendieron fuego,
enterraron sus restos y erigieron la tumba.
Así se celebraron los graves funerales
del magnánimo Héctor, domador de caballos.

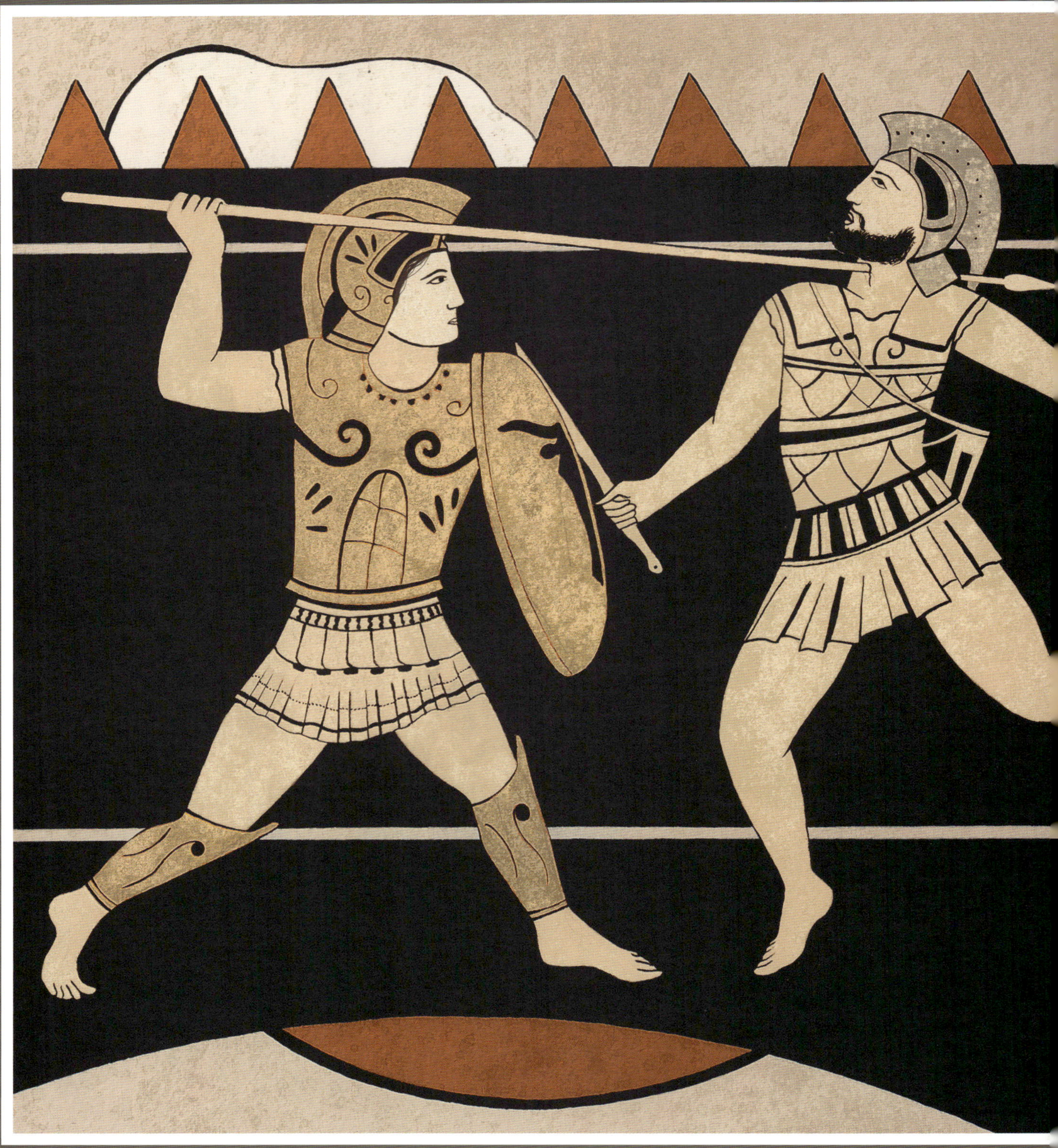

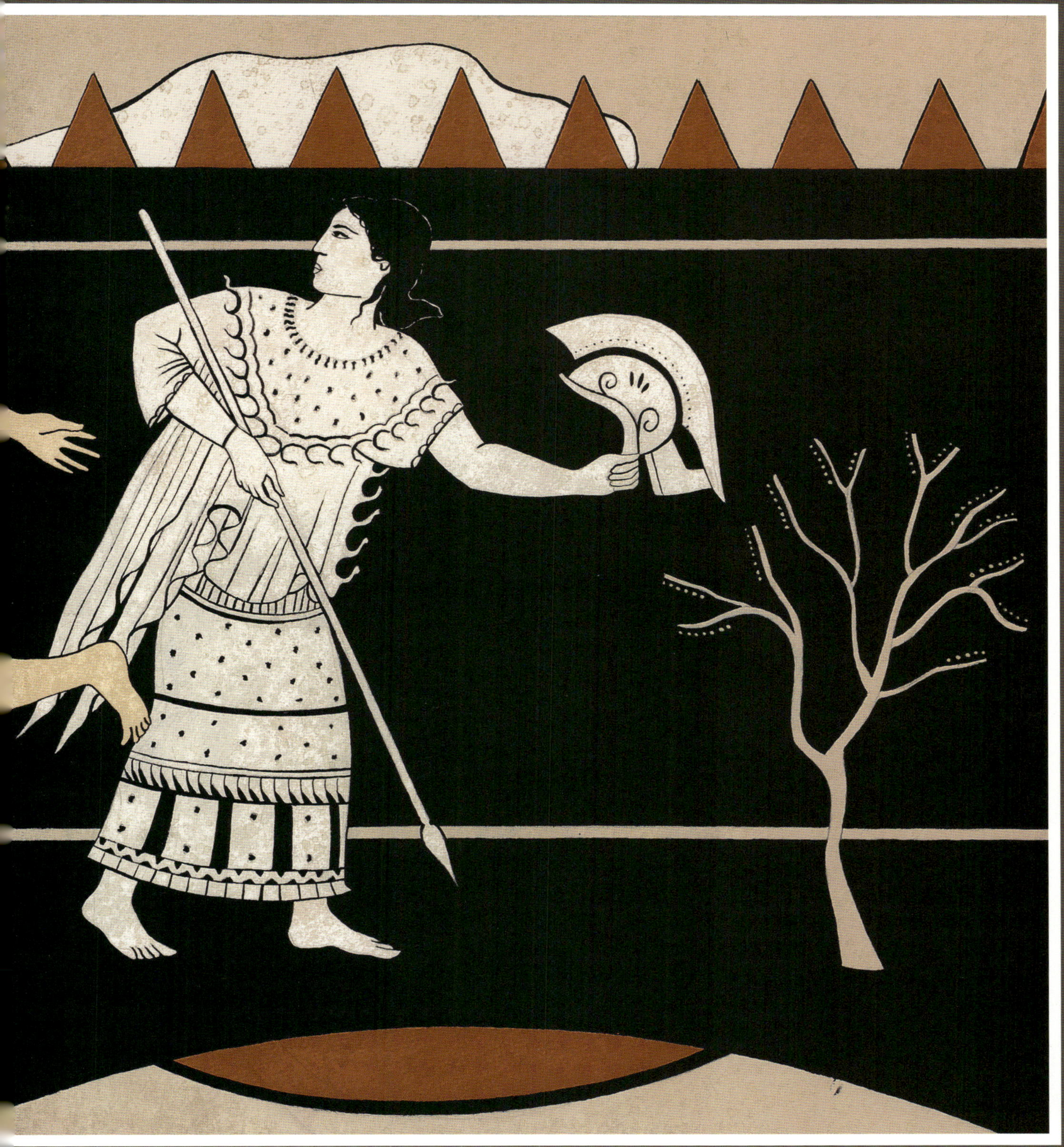

Anexos

PERSONAJES

En la *Ilíada* intervienen varios personajes, héroes y dioses. Aquí se presenta una lista de los principales:

Dioses

La Diosa del canto a la que el poeta invoca al inicio de su obra, es **Calíope**, la musa inspiradora de la poesía épica.

Las musas eran las deidades de las artes; había nueve y moraban, según Homero, en el monte Olimpo.

Zeus era el dios principal de la mitología griega, el "padre de los dioses y los hombres". Su poder superaba al de todos los demás dioses juntos. Simbolizaba el cielo y habitaba en las cumbres del monte Olimpo, entre las nubes, desde donde enviaba la tempestad y el rayo sobre la tierra.

Hera, la esposa de Zeus, era la reina de los dioses. Simbolizaba los aspectos femeninos de la naturaleza y se le consideraba la protectora inflexible del matrimonio.

Febo Apolo era el dios de la luz, del canto, de la música, de la medicina, de la salud y de la fertilidad. Protector contra las enfermedades y las epidemias, podía también causarlas, matando a los hombres con sus flechas infalibles. Apolo siempre ocupó un lugar prominente en la religión de los griegos.

Palas Atenea, diosa de la sabiduría, la inteligencia y el ingenio, era la hija predilecta de Zeus. Se decía que había nacido de la cabeza de su padre ya adulta y armada de punta en blanco. Reinaba sobre la guerra y la victoria. Se le atribuía la invención del arado y era la protectora de la ciudad de Atenas.

Ares era el dios de la guerra. Se le representaba como un joven turbulento, pendenciero y rebelde, que no se deleitaba más que con la lucha y el derramamiento de sangre. Cuando se enfurecía, mataba y destruía sin discriminación.

Afrodita era la diosa del amor y de la belleza. Tenía poder sobre el aire, la tierra y el mar y regía también sobre los vientos y los fenómenos celestes.

Hefesto, dios del fuego, de la metalurgia y de la orfebrería; era cojo y, según Homero, vivía y trabajaba en el monte Olimpo, aunque otras leyendas lo sitúan laborando en fraguas situadas bajo distintos volcanes.

Poseidón era el dios del mar y de la navegación. Se le llamaba también "el que hace estremecer la tierra" porque se creía que el mar sostenía a la tierra. De acuerdo con Homero, vivía en un castillo de oro en las profundidades del océano. A él se debían los vientos favorables para la navegación, pero también los temporales y naufragios.

Hermes, el mensajero de los dioses, era el dios de la inventiva, la escritura y la sagacidad. Era también dios de los caminos y protector de los caminantes.

Héroes

Agamenón, hijo de Atreo (por lo que se le llamaba también el Atrida), rey de Micenas, era el comandante supremo de los ejércitos griegos reunidos para rescatar a Helena, esposa de su hermano Menelao, seducida y raptada por el troyano Alejandro. Para enfatizar su poder se le llamaba "el rey de hombres".

Aquiles, rey de los mirmidones de Tesalia, era el más poderoso y temido de los héroes griegos. Hijo de la ninfa Tetis y del mortal Peleo, su madre, para evitar que muriera, pues siendo mitad humano estaba condenado a la muerte, lo sumergió en las aguas de la laguna Estigia, que lo volverían invulnerable. Pero como lo sostenía del talón, esa parte de su cuerpo quedó desprotegida. De esta historia proviene la expresión "el talón de Aquiles" para referirse al punto débil de una persona.

Menelao, rey de Esparta y hermano de Agamenón. La ofensa sufrida cuando Paris raptó a su esposa, la bellísima Helena, lo llevó a solicitar la ayuda de su hermano para reunir a los principales guerreros de Grecia y lanzarlos a una expedición de rescate.

Odiseo, rey de Ítaca, una pequeña isla en el mar Egeo, era famoso por su ardides y su ingenio. Sus peripecias y aventuras durante el viaje de regreso a su patria después de la guerra de Troya constituyen el tema de la *Odisea*, el segundo gran poema homérico.

Diomedes, hijo de Tideo, rey de Tracia, fue uno de los más atrevidos y respetados caudillos griegos. Protegido de Atenea, sus hazañas conforman algunos de los episodios más emocionantes e intensos de la *Ilíada*.

Áyax, hijo de Telamón, rey de Salamina; llamado Áyax el Grande a causa de su gran estatura, era reconocido por su valor y su fuerza.

Patroclo, primo de Aquiles, era para el héroe el más cercano y querido de los griegos.

Héctor, hijo del viejo rey de Troya, Príamo, es el más valiente y respetado de los héroes troyanos, el gran defensor y el baluarte de la defensa de la ciudad.

Paris —que como hemos visto también era llamado Alejandro—, príncipe troyano hermano de Héctor, fue el causante de la guerra de Troya. Habiendo sido nombrado árbitro por Hermes en una disputa entre las diosas Hera, Atenea y Afrodita para determinar cuál era la más bella, falló a favor de la diosa del amor, que le prometió la posesión de la mujer más bella. Paris raptó a Helena, con las consecuencias descritas.

Eneas, hijo del troyano Anquises y de la diosa Afrodita, fue rey de los dárdanos en el monte Ida. Participó activamente en la defensa de Troya tras cuya caída viajó a Italia, donde fundó un nuevo reino que dio origen a Roma. Su historia, contada por el poeta latino Virgilio, es el tema central de la *Eneida*.

Entre todos estas figuras guerreras se mueven varios personajes femeninos. El principal es **Helena**, la hermosísima esposa de Menelao, cuya aventura amorosa con Paris fue la causa de la guerra de Troya. Destacan también, aunque tienen una participación menor, **Andrómaca**, la fiel esposa de Héctor, y la joven cautiva **Briseida**, por cuyos favores pelean Agamenón y Aquiles.

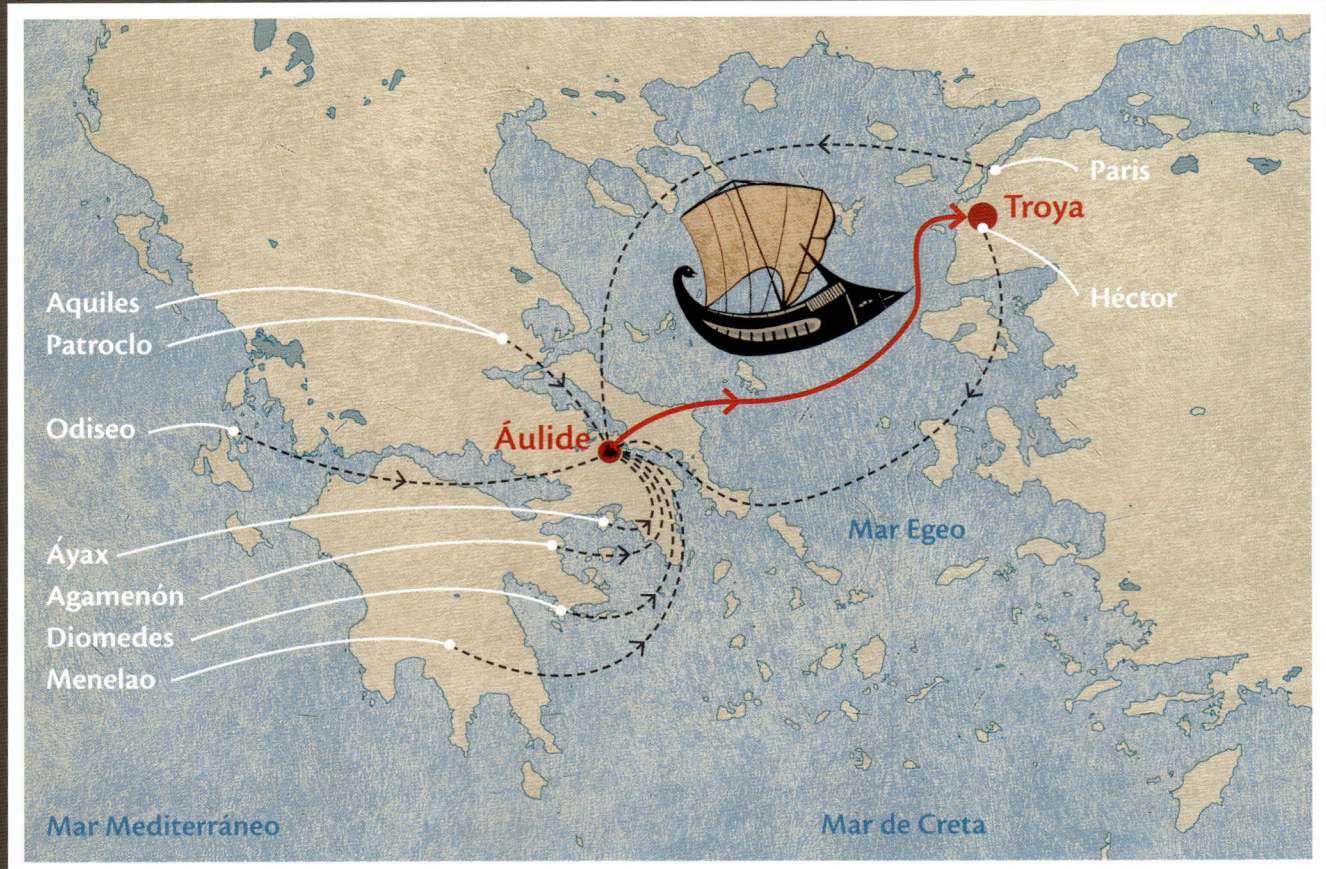

Aunque no se tienen registros precisos de la existencia histórica de los héroes cuyas hazañas Homero canta en la *Ilíada*, se piensa que la antigua ciudad de Troya estaba situada en lo que actualmente es la provincia turca de Çannakale, junto al Estrecho de los Dardanelos, entre los ríos Escamandro (o Janto) y Simois, en el punto más occidental de la península de Anatolia, y que ocupaba una posición estratégica en el acceso al Mar Negro. Tras siglos de olvido, las ruinas de Troya fueron descubiertas en 1871 durante las excavaciones realizadas por el arqueólogo alemán Heinrich Schliemann. De acuerdo con sus investigaciones, y otras realizadas posteriormente, la ciudad, que conoció al menos siete grandes etapas constructivas, floreció entre los años 2900 y 1100 a. C. La guerra que narra la Ilíada se sitúa, como hemos dicho, hacia los años 1300 y 1200 antes de nuestra era.

En 1998 la UNESCO declaró el sitio arqueológico de Troya Patrimonio de la Humanidad, destacando la profunda influencia que la Ilíada ha tenido en las artes durante más de dos mil años.

Los reyes y caudillos que participaron en la guerra de Troya provenían de distintas regiones de Grecia. Bajo el mando supremo de Agamenón, los contingentes y las flotas de los distintos reinos aqueos se reunieron en Áulide, en el noreste de Grecia, y de ahí navegaron hacia el oriente para asediar Troya.

Bibliografía mínima

Existen muchas traducciones al español de la *Ilíada*. El autor de esta adaptación recomienda vivamente la lectura de los fragmentos traducidos en verso por dos grandes potas latinoamericanos: Leopoldo Lugones y Alfonso Reyes , que pueden encontrarse en:
- Lugones, Leopoldo, "Traducciones homéricas", en *Obras poéticas completas*, M. Aguilar Editor, Madrid, 1948.
- Reyes, Alfonso, "La Ilíada de Homero", en *Obras completas de Alfonso Reyes*, tomo XIX, Fondo de Cultura Económica, México, 1968.

Existen además varias traducciones en verso del poema íntegro, entre las que destacan:
- Homero *Ilíada*, versión de Rubén Bonifaz Nuño, Universidad Nacional Autónoma de México, México, 1996, 2 vols.
- *Homero, Obras: Ilíada, Odisea*, traducción de Fernando Gutiérrez, "Clásicos Planeta", Editorial Planeta, Barcelona, 1968.

En prosa se recomiendan las siguientes versiones:
- Homero, *La Ilíada* versión directa y literal del griego por Luis Segalá y Estalella, prólogo de Alfonso Reyes, Editorial Porrúa, México, 1977.
- Homero, *Ilíada*, traducción de Óscar Martínez, Alianza Editorial, Madrid, 2010.

HOMERO Ilíada

se imprimió en el mes de octubre de 2012 en los talleres de Editorial Impresora Apolo, S.A. de C.V., Centeno núm. 150 local 6, colonia Granjas Esmeralda, C.P. 09810, México, D.F., El tiraje fue de 3 000 ejemplares.